ORIGAMI MAGIC

紙1枚で
あなたもマジシャン

おり紙マジック ワンダーランド

藤原邦恭

♣コピーして使える型紙付!♣

はじめに

　この本は新しいコンセプト「おり紙シアター」の作品集です。そして、タイトルにある「マジック」は「手品」というより「魔法の」という意味でありたいと思います。

　おり紙はおることで形をつくる、日本の伝統文化としておなじみです。ここではこの「おり」をふしぎと楽しさを生みだすエッセンスとすることで、多くの作品を創ってみました。みなさんはこの「おり」の神秘によって、ぜひつくる楽しさとともに、人を楽しませる素晴らしさをも味わってください。特に今の時代、デジタル技術がどんなに進歩しようとも、パソコンやテレビゲームには成しえないことがたくさんあります。高度な電子機器ではなく、1枚のおり紙を使った人と人とのコミュニケーション。それはパーティーのショータイムにとどまらず、子どもの知育から福祉のデイ・ケアー、リハビリ等に活用していただけます。そして多くの人が心の通ったつながりを持ち、おり紙に本当の魔法を宿していただけたらと思います。

　最後に、この本の企画の立ち上げからサポートしていただいた斉藤俊哉さん、高橋真智子さん、ありがとうございました。そして偉大なる英知を残してくれた、おり紙とマジックの先輩方に心より敬意を表します。

　　　　　　　　　　2000年夏　リスボンにて
　　　　　　　　　　　　　　　藤原邦恭

目次

		本文	型紙
①	時計の針がこくこく変わる **タイムトリック**	5	66
②	ウサギがリンゴをモグモグ **フルーツ モグモグ**	8	67
③	子ガメがふえていくよ **カメの親子**	10	68
④	にげるトンボが大あわて **トンボがえり**	12	69
⑤	アシカの曲芸がはじまるよ！ **スーパーアシカショー**	14	70
⑥	ヘビが出てきて変身する！ **ニョロニョロ・パッ**	17	71
⑦	バニラとチョコ、色が変わるよ！ **ソフトクリーム**	20	72
⑧	パラソルが一瞬で広がる **ジャンプパラソル**	22	73
⑨	びっくりするほど大きな絵が出る **たまてカード**	24	74
⑩	ポン！と開いて、おめでたい！ **ハッピーくす玉**	26	75
⑪	箱をあけると花がふえる **プレゼントボックス**	28	76
⑫	あっとおどろく絵の変化 **ビックリ・ツリー**	31	77・78
⑬	ローソクの火を消して祝おう **バースデイ キャンドル**	34	79・80
⑭	夢がふくらむ絵の世界 **ふうせん**	38	81・82
⑮	空もようがいろいろ変わる **天気になーれ**	41	83・84
⑯	あれれ、どこへ行ったの？ **てんとう虫のさんぽ**	44	85・86
⑰	ウサギのラブストーリー **ラブラブラビット**	48	87・88
⑱	おちゃめなサルがたつまきから登場！ **忍者モンキー**	51	89・90
⑲	タマゴの中から怪獣が誕生！ **5つの玉**	54	91・92
⑳	花びんがいつのまにかひっくり返る **いたずらキャット**	56	93・94
㉑	ハートができる、ドキドキ動く **ドキドキハート**	59	
㉒	おり紙からお札があらわれる **カブト イリュージョン**	62	

この本の楽しみ方・使い方

○**本を読む**……この本の《見せ方・遊び方》では、かわいいイラストとセリフで、各作品のストーリーが楽しくわかります。まずはここから見よう！

○**おり紙をつくる**……ほとんどの作品（1〜20）に型紙がついています。これをコピーして、長方形の外わく線に沿って切り取ろう。片面だけの作品もありますが、表と裏の2枚をはりあわせる場合もありますよ。《用意するもの》の所をチェックしてね。後はその用紙で、《おり方・演技の準備》を見ながら楽しいおり紙へと進もう。失敗した時のために、コピーは余分にしておこう。

○**ぬり絵をする**……おり方をマスターしたら用紙を元に開いて、色をつけよう。色えんぴつか、紙の裏ににじまない蛍光ペンなどがいいかな。

○**おり紙で遊ぶ**……つくったおり紙で《見せ方・遊び方》を見ながら自分で遊んでみよう。本の通りにできると、うれしいものだよ。

○**おり紙を見せる（演じる）**……いよいよ人に見せる時。自分で遊ぶ時とは見せる角度が違ってくるから、鏡の前で練習しておこう。それと、見せる前に何が起こるかを言わない方がいい。ストーリーを知っている再放送のアニメはおもしろくないよね。さあ、やってみよう。じょうずにできたら尊敬されるかもよ？

また、大ぜいの人の前で演じる場合などは、型紙を拡大コピーしよう。型紙を外わく線に沿って切ってから、以下の倍率でコピーすればいいよ。
●B5サイズに拡大したい時…122%　●A4サイズに拡大したい時…141%
●B4サイズに拡大したい時…173%

【おり図の見方】

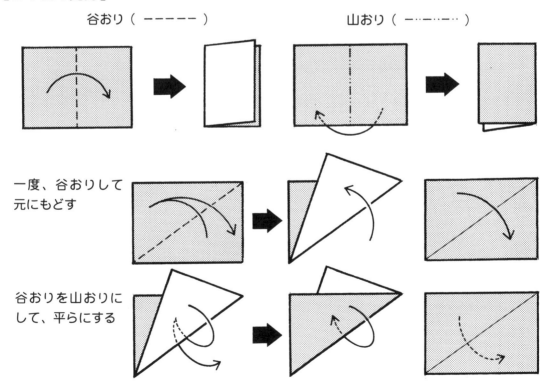

時計の針がこくこく変わる

1 タイムトリック

● 子どもの集まる所で
● ゆかいなおり紙マジック

用意するもの

● 巻末のイラスト（p66）を参考にかき写すか、コピーした紙を1枚
● ぬり絵のためのペン

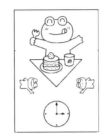

♣ おり方・演技の準備 ♣

❶ 印の所からおります。

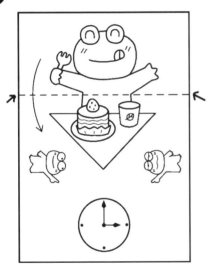

❷ 裏返します。

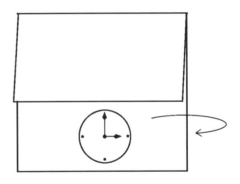

❸ 図のように斜めにおり、元にもどします。

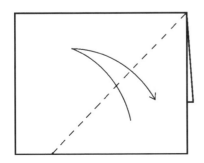

❹ 左側も斜めにおります。

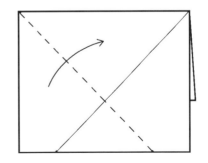

❺ 図のように斜めにおります。

❻ 準備完了です。

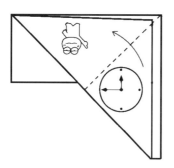

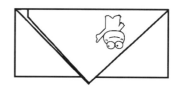

♥ぬり絵をしよう♥

カエルやおやつに色をぬりましょう。

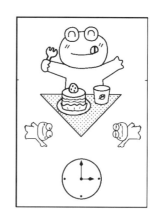

◆見せ方・遊び方◆

❶ 準備した紙を図のように見せます。

「おもしろいものがあるよ」

「カエルさんだ」

「カエルさんがまだねむそう」

❷ 図のように紙を開くと、時計が出てきます（6時15分）。

「この時計は…6時15分だね　朝だよ」

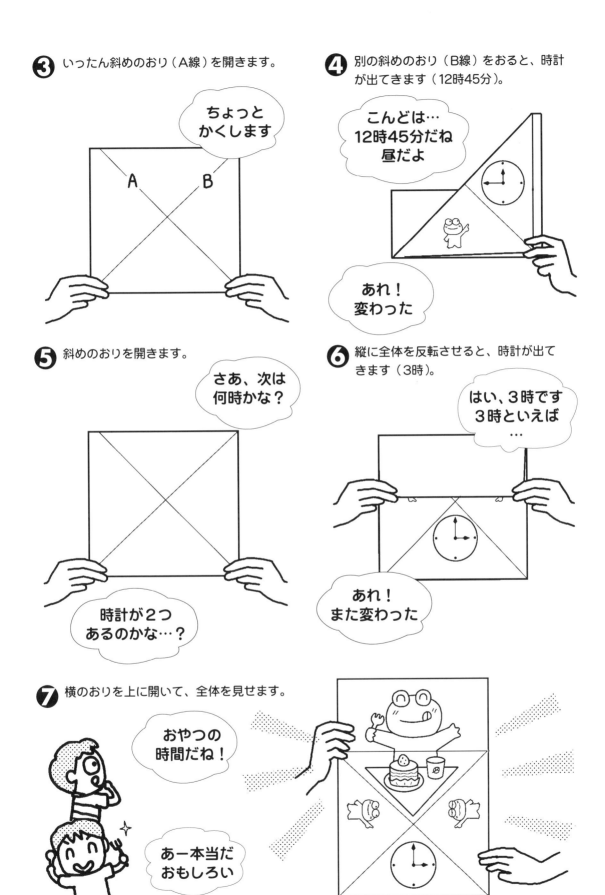

ウサギがリンゴをモグモグ

2 フルーツ モグモグ

- ●子どもの集まる所で
- ●世界一短いアニメーション

♣おり方・演技の準備♣

❶ 図のようにおります。

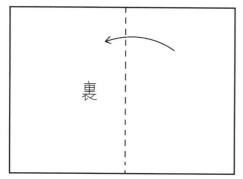

❷ 元にもどします。

❸ 図のように2カ所をおります。

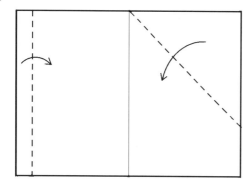

❹ 図のようにおっていきます。

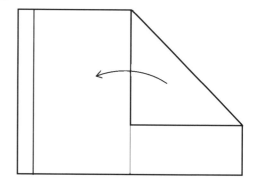

❺

❻ ウサギの絵がうまく重なれば、準備完了です。

- 巻末のイラスト（p67）を参考にかき写すか、コピーした紙を1枚
- ぬり絵のためのペン

♥ぬり絵をしよう♥

ウサギやリンゴの木に色をぬりましょう。他の動物をかきたしてもいいね。

◆見せ方・遊び方◆

❶ 準備した紙を図のように示します。

「ここに木があります」
「リンゴの木だ」

❷ 横に反転してウサギを見せます。左手は裏で手前の紙をつまみます。

「こちらにはウサギがジャンプしてますね」
「ウフフ」

❸ 2を横から見た図です。

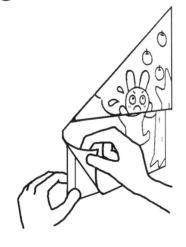

❹ 両手を左右に開くと、紙が広がり、ウサギの絵が変わります。

「1, 2, 3 パッ！」
「あれー食べてる！」

子ガメがふえていくよ

3 カメの親子

- ●子どもとのコミュニケーションに
- ●単純でテンポのある演技

♣ おり方・演技の準備 ♣

❶ 図のようにおります。

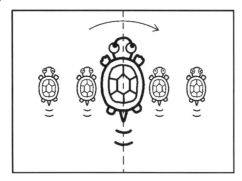

❷ 1枚おり返しますが、3のように、子ガメの絵がまん中でうまく重なる所でおります。

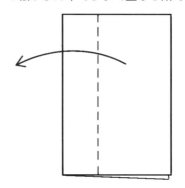

❸ 図のように、上と下を山おりします。

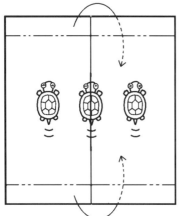

❹ まん中より谷おりします。

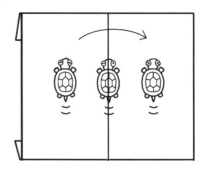

❺ 2と同じ要領でおり返します。

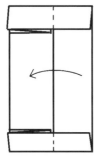

❻ 1ぴきのカメが見えていれば準備完了です。

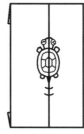

- 巻末のイラスト（p68）を参考にかき写すか、コピーした紙を1枚
- ぬり絵のためのペン

♥ぬり絵をしよう♥

カメの親子に色をぬりましょう。

◆見せ方・遊び方◆

① 準備した紙を図のように持ちます。

「カメの子どもが1ぴきいるね」
「お散歩かな」

② 両手を左右に少しひっぱり、紙を広げます。

「はい、3びきにふえたよ」
「あっ」

③ つづけて両手を左右にひっぱり、全体を広げます。

「さらに、はい、ふえました」
「ワァー お母さんかな」

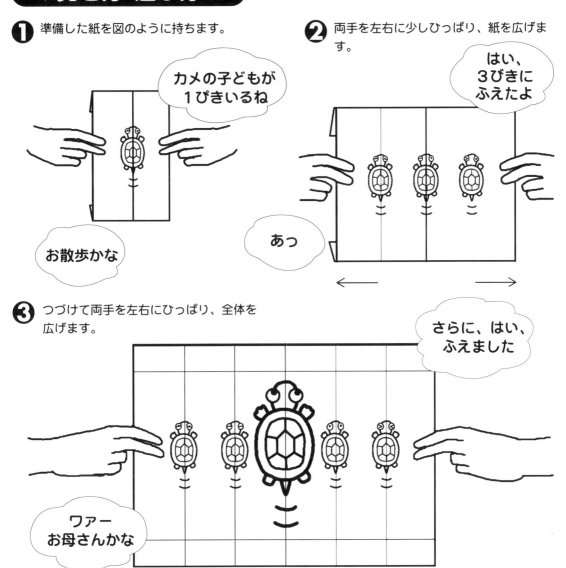

にげるトンボが大あわて

4 トンボがえり

- 楽しい仲間に
- だじゃれもきいてるおり紙しばい

♣ おり方・演技の準備 ♣

❶ まん中より山おりします。　　❷ まん中より山おりします。　　❸ 左の角を支点として図のように…

 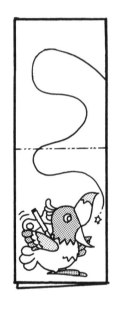 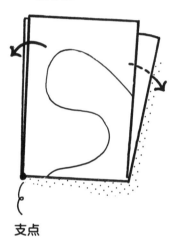

支点

❹ 開きます。トンボのおしりと曲線のはしが合う所で、おり目をつけます。

❺ 開きをもどし、全体をひっくり返して準備完了です。

♥ ぬり絵をしよう ♥　　トンボと鳥に色をぬりましょう。

用意するもの

- 巻末のイラスト（p69）を参考にかき写すか、コピーした紙を1枚
- ぬり絵のためのペン

◆見せ方・遊び方◆

❶ 準備した紙を見せます。鳥の口もとから、にげている曲線をしめします。

「鳥の口もとから何かにげてるね」
「うん」

❷ 全体を縦にひっくり返し、にげている曲線をしめします。

「何がにげているのかな？」
「虫かな」

❸ おり目にそって紙をVの字に開きます。トンボが出てきました。

「あっ！トンボでした」
「あーあわててる」

❹ 紙全体を両手を使って2回転させます（トンボがにげているように）。

「トンボは必死でにげています」
「食べられちゃうよ」

❺ トンボが下に来たら、紙をおり上げます。

「うまくにげられたかな？」

❻ そして全体を横に開くと、トンボが鳥の正面に来ています。

「アハハ　トンボがえりだね」
「あれれ　だめだ！」

（鳥は背中にネジがついてるね。トンボはオモチャの鳥に大あわてしたんだ。おっちょこちょいだね）

スーパーアシカショー

アシカの曲芸がはじまるよ！

- パーティーに
- 動物ショーに行った気分

♣おり方・演技の準備♣

❶ まん中でおり、元にもどします。

❷ 図のようにおります。

❸ 両角をおり上げ…

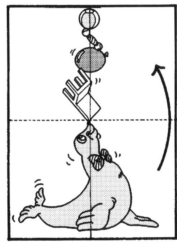
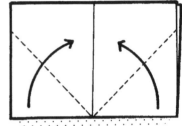

❹ 同じ所を反対側にもおり、平らにもどします。

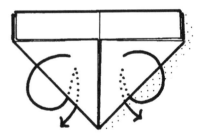

❺ 全体を広げます。

❻ 図のようにおっていきます。

❼

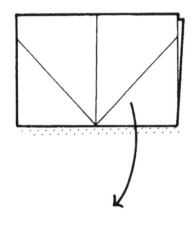
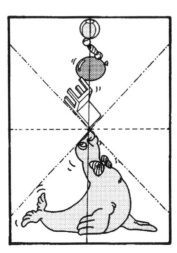
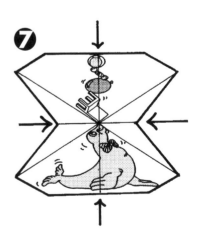

●巻末のイラスト（p70）を参考にかき写すか、コピーした紙を1枚
●ぬり絵のためのペン

⑧ 全体を縦にひっくり返して…

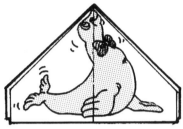

⑨ 下の角をおり上げます。この時…

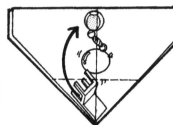

⑩ ちょうどアシカの鼻先がボールにとどく所でおります。おりをもどして…

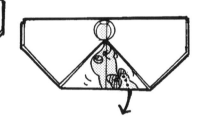

⑪ 準備完了です。

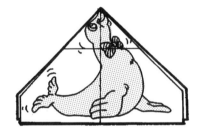

♥ぬり絵をしよう♥

アシカや小道具に色をぬりましょう。
夏らしい雰囲気の絵や、観客の絵をかき足してもいいね。

◆見せ方・遊び方◆

❶ 準備した紙を取り出します。　❷ 図のように…　❸ アシカの頭をおります。

アシカ君のショーの始まりだよ

ワーイ！

❹ 紙を上にもどす時、手前の紙を1枚持っており上げます。

❺ 手をはなすと紙が元にもどります。ボールが後ろに落ちた演技になります。

❻ 再びボールの絵の紙を持ち上げますが、この時全体を…

❼ 観客に向かって縦におります。これにより全体が固定されます。

❽ 手をはなしてもボールは落ちません。

❾ 図のようにつかみ…

❿ 上にひっぱると全体が広がり、スーパー曲芸の絵に変わります。

ヘビが出てきて変身する！

ニョロニョロ・パッ

- ●パーティーで
- ●動きのある変身マジック

用意するもの
- ●巻末のイラスト（p71）を参考にかき写すか、コピーした紙を1枚
- ●ぬり絵のためのペン

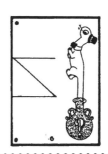

♣おり方・演技の準備♣

❶ まん中を山おりします。

❷ 斜めの線にそって谷おりします。

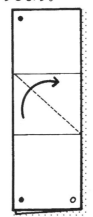

❸ 同じ所を反対側にもおります。

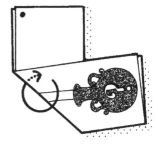

❹ 平らにもどします。

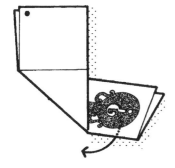

❺ 全体を開きます。

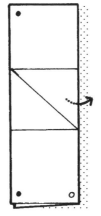

❻ 2つの横線をそれぞれ谷おり、山おりにします。

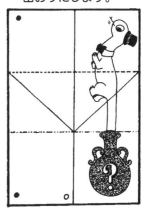

❼ 半分におります。

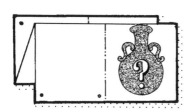

❽ ○の部分を持って、弧をえがくようにひっぱります。

❾ ヘビの首が重なる位置で、おり目を強くおさえます。元にもどします。

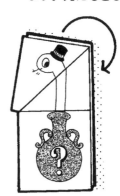

❿ 準備完了です。

♥ ぬり絵をしよう ♥

トカゲやつぼに色をぬりましょう。

◆ 見せ方・遊び方 ◆

❶ 準備した紙を取り出します。

❷ 図のように持ちます（裏の●をおさえる）。

❸ 右手で弧をえがくようにひっぱります。

❹ 図のように横に持ちかえます。

❺ 左親指は○をおさえて、右親指は紙の間に入れています。こうしないと、次で紙がうまく広がりません。

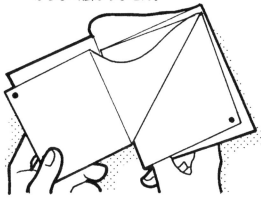

（斜め後ろから見た図）

❻ そのまま両手を左右にひっぱると、ヘビがトカゲに変身します。

❼ 6の後ろの図です。右親指は紙の間に入ったままです。念のため。

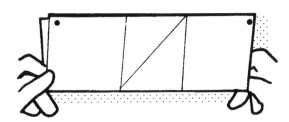

バニラとチョコ、色が変わるよ！

7 ソフトクリーム

- ●子どもとのコミュニケーションに
- ●かんたんマジック

♣ おり方・演技の準備 ♣

❶ 図のように、外線より4mmくらい内側を山おりします。

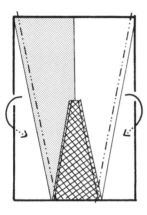

❷ 両はしを持って、机の角におし当てます。

❸ そして紙に丸まるくせがつくよう、何回かしごきます。

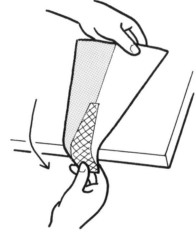

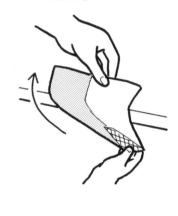

❹ すると、このようになります。最初におった線よりも少し広がります。

❺ つつになるように丸め、片方のはしをおし上げます。

❻ 図のように持って、準備完了です。白いソフトクリームに見えます。

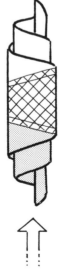

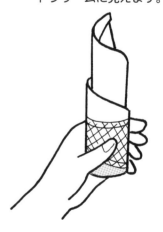

♥ぬり絵をしよう♥ あみかけの部分をアイスのチョコレート色にぬりましょう。

●巻末のイラスト（p72）を参考にかき写すか、コピーした紙を1枚
●ぬり絵のためのペン

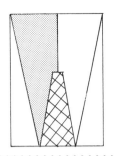

◆見せ方・遊び方◆

❶ 準備した紙をしめします。

「これはおり紙のソフトクリームです」
「本当だ」

❷ 右手のひらで上からおしこみます。つづけて間をおかずに…

「おまじないをかけると」

❸ 右手でつつを反転させながら起こし、左手に移します。

❹ ソフトクリームがバニラからチョコに変化した演技になります。さらに何回かつづけるとおもしろいでしょう。

「バニラからチョコに変わります」
「あーおいしそう」

パラソルが一瞬で広がる

ジャンプパラソル

- ●子どもとのコミュニケーションに
- ●あざやかな瞬間芸

♣おり方・演技の準備♣

❶ 図のように4等分にジグザグにおります。

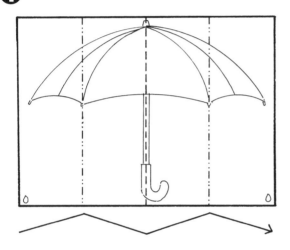

❷ 谷おり線の位置（パラソルの絵のふち）からおります。

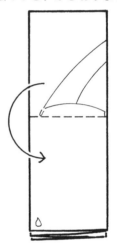

❸ 今おった部分の半分をおります。

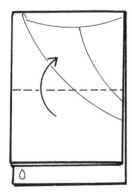

❹ 山おり線の位置から山おりします。

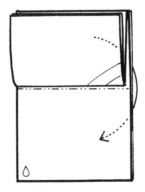

❺ 準備完了です。

♥ぬり絵をしよう♥

パラソルに好きな色をぬりましょう。雨のしずくや、雨にちなんだ動物をかき足してもいいね。

- 巻末のイラスト（p73）を参考にかき写すか、コピーした紙を1枚
- ぬり絵のためのペン

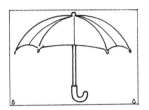

◆見せ方・遊び方◆

❶ 準備した紙を取り出します。

❷ 図のように持ちます（水滴の印をつまむ）。

❸ 両人さし指は水滴の印にふれています。

❹ 両手を左右に広げます。

❺ すると一気に紙が開き、パラソルの絵があらわれます。

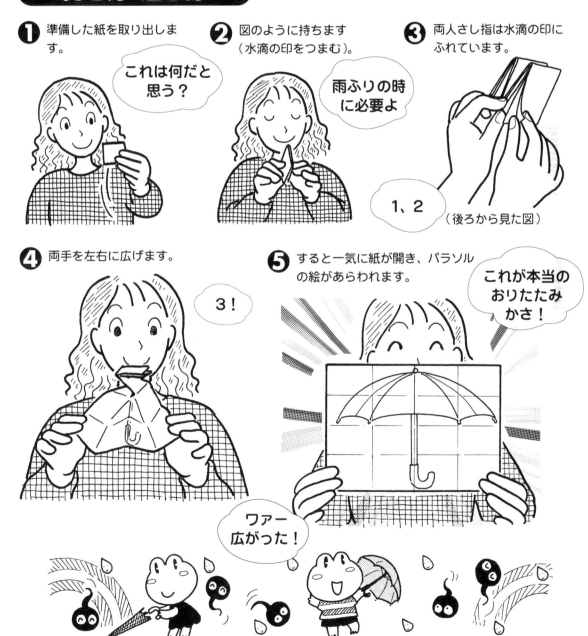

びっくりするほど大きな絵が出る

 たまてカード

- プレゼントカードに
- おり紙マジックの最高傑作

♣おり方・演技の準備♣

❶ 図のように斜めの線で山おりします。

❷ そのおり線を、上の斜めの線と合わせるようにおります。

❸ 図のように、左右に出ている部分を山おりします。

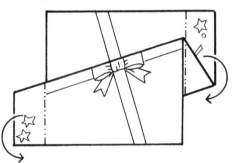

❹ 完成、そして準備完了です。

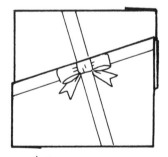

♥ぬり絵をしよう♥

ピエロに色をぬってみましょう。特にこの作品は、カラフルな方が効果が大きいですよ。さあ、ぬったぬった！

●巻末のイラスト（p74）を参考にかき写すか、コピーした紙を1枚
●ぬり絵のためのペン

◆見せ方・遊び方◆

参考 プレゼントカードにする時は、メッセージが書けるように工夫してね。

ちょっと一息・Q&A

Q 作品のタイトルはどーやって決めるの？

A たとえば、『たまてカード』の"たまて"は玉手箱（たまてばこ）からネーミングしたんだ。これは単純だけどいろいろ応用ができる、つまり"めったに考えつかない貴重なもの"という意味がこめられているんだ。伝説の作品という意味もあるしね。

Q へぇ〜。じゃあ、『ニョロニョロ・パッ』は？

A ……ヘビがニョロニョロ出て、パッと変わるから。

Q ……そのまんまじゃん。

ポン！と開いて、おめでたい！

10 ハッピーくす玉

● お祝い事に
● パーティーのワンポイント演出に

♣ おり方・演技の準備 ♣

❶ 図のようにおります。

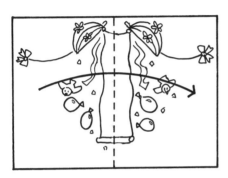

❷ 手前の1枚の角をおります。

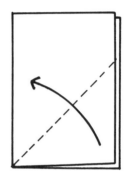

❸ 残りの角を反対側に山おりします。

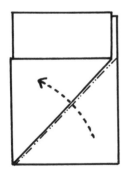

❹ 図のように手前の1枚をおります。

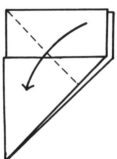

❺ ひっくり返して向きを変え…

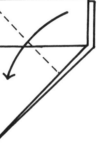

❻ 図のようにおります。

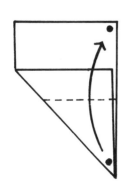

❼ 半分におります。

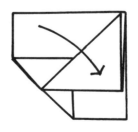

❽ 準備完了です。

- 巻末のイラスト（p75）を参考にかき写すか、コピーした紙を1枚
- ぬり絵のためのペン

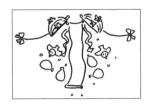

♥ぬり絵をしよう♥

くす玉やふうせんに色をぬりましょう。たれ幕には、適当な文字をかいてくださいね。いろいろな場面で使えるよ。

◆見せ方・遊び方◆

❶ 準備した紙を取り出します。

「はーいみんな」

❷ 図のように開いて、ひもの絵の先を持ちます。

「このくす玉にご注目」

?

❸ 両手を左右に開くと、図のように紙が広がります。

「おめでとう！」

「わぁー広がった」

箱をあけると花がふえる

11 プレゼントボックス

● 誕生日・お祝い事に
● メッセージカードとして

♣ おり方・演技の準備 ♣

① まん中におり線をつけて、裏返します。

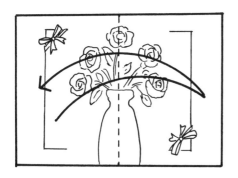

② そのおり線に両はしを合わせるようにおり、元にもどして表向きにします。

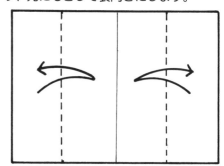

③ 図のようにおっていきます。

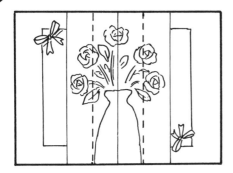

④

⑤ 横半分の所で山おりにします。

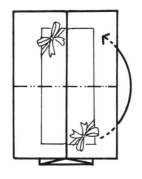

⑥ ○の部分を持ち、支点を中心に開きます。

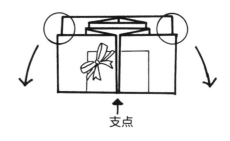

↑支点

- 巻末のイラスト（p76）を参考にかき写すか、コピーした紙を1枚
- ぬり絵のためのペン

⑦ 全体を強くおさえ、おり目をしっかりつけます。

⑧ 開きをもどして準備完了です。

♥ぬり絵をしよう♥

花は好みに応じて色をぬりましょう。
花びんには仕掛け上、何もぬらないでくださいね。

◆見せ方・遊び方◆

① 準備した紙を図のように持ちます。花の絵のない方を観客の側に向けています。

プレゼント用の箱を見せよう

何だろう？

② 箱のとびらを開いて無地の中身を見せます。そして閉じます。

中身はからっぽだね

なーんだ

❸ 全体を横に裏返します。

❹ とびらを開くと花が一輪見えます。そして閉じます。

❺ 全体を図のように開きます。

❻ そして図のように広げて見せます。花が箱いっぱいにふえました。

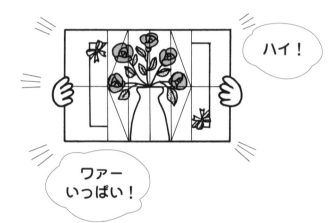

応用

　この作品は演じて楽しませるのもよいですが、招待状などのカードとしても使えます。

　花びんにイベントのお知らせをかいておけば、受け取った人は楽しいでしょう。とびらを開くと花が見えておしゃれですし、反対を開けば案内がかいてあります。全体を開けば、そのおりとデザインの仕組みがわかって、さらに興味を感じるでしょう。

あっとおどろく絵の変化

ビックリ・ツリー
● パーティーに
● おしゃれなクリスマスカードに

用意するもの

● 巻末のイラスト（p77、78）を参考にかき写すか、それぞれコピーした紙をはりあわせる
● ぬり絵のためのペン

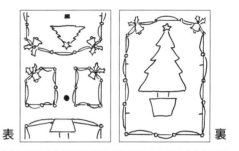
表　　　　　裏

♣ おり方・演技の準備 ♣

❶ 印の所からおります。

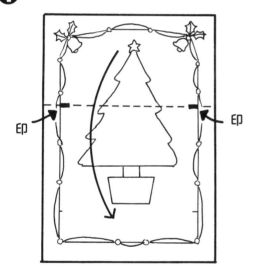
印　　　　印

❸ 印の所からおり上げます。

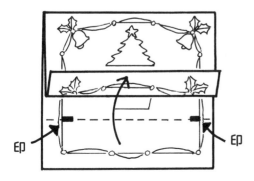
印　　　　印

❷ 印の所からおり上げます。

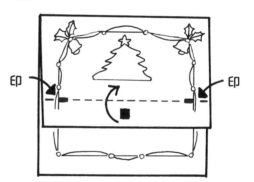
印　　　　印

❹ 小さなツリーだけが見えています。最後に半分におります。

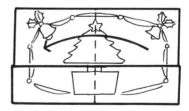

❺ 準備完了です。

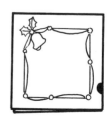

31

♥ぬり絵をしよう♥

クリスマスツリーの絵なので、緑・黄色・赤・茶などがよいかな。ツリーのかざりとして、ベルやくつしたなどをかき加えると楽しくなるね(下の絵を参照)。

♠絵をかこう♠

斜線の部分は、自由にお絵かき。

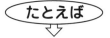
たとえば

ほかにサンタさんやトナカイもいいね。

◆見せ方・遊び方◆

❶ たたんだ紙を取り出します。

❷ 中を開いて小さいツリーを見せます。

ハーイ!注目

これは何かな?

クリスマスツリーだ

❸ 片手で図のように持ちかえます（親指は●印をおさえる）。
もう片方の手で小さなツリーにおまじないをかけます。

❹ 片方の手の親指を、まん中のみぞにすべりこませます（親指は■印にあてる）。つづけて人さし指をそえて、紙をおさえます。

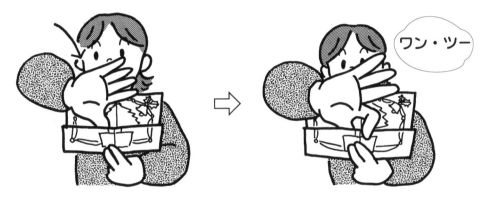

❺ 親指のさわっている紙（■印）だけを上にひっぱり上げます。
すると大きなツリーがあらわれます。

❻ 下のおりを開くと、新たな絵やメッセージがあらわれます。

ローソクの火を消して祝おう

バースデイ キャンドル

- お誕生会に
- お祝い事に

♣おり方・演技の準備♣

❶ 図のようにおります。

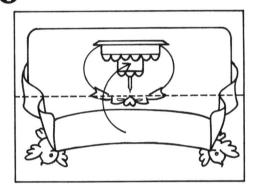

❷ まん中におり線をつけます。

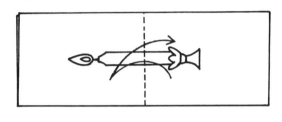

❸ そのおり線に合わせております。

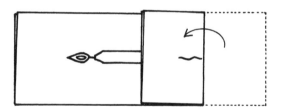

❹ つづけてまくように2回おります。

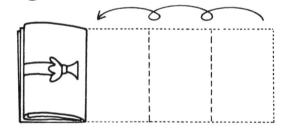

❺ 広げて、裏表の向きを変えます。

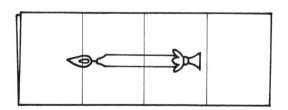

❻ 3と逆の方向へおっていきます。

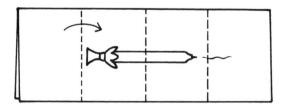

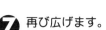

● 巻末のイラスト（p79、80）を参考にかき写すか、それぞれコピーした紙をはりあわせる
● ぬり絵のためのペン

表　　　　　裏

❼ 再び広げます。

❽ まん中でおっておきます。

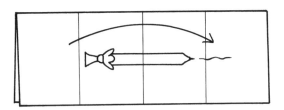

❾ 準備完了です。

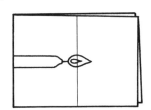

♥ぬり絵をしよう♥

2本のローソクの本体は同じ色にしておきましょう。裏のメッセージコーナーは好きなことをかき加えようね。いろいろなシールをはってオリジナルをつくるのもいいね。

◆見せ方・遊び方◆

❶ 準備した紙を取り出し、図のように広げて火のついている方を見せます。

❷ 上の段を手前にかるくおります。

❸ つづけて次も手前にかるくおります。

❹ つづけて手前にかるくおります。すべておりを強くつけずにまきます。

❺ 最後に、全体を手前に半回転させます。

❻ 右手で手前の紙をつまみます。

❼ 6を横から見た図です。

❽ たたんだ紙に息をふきかける演技。

息をふきかけますフゥー

❾ 同時に左手をはなして、全体を一気に下に広げます。絵が変わりました。

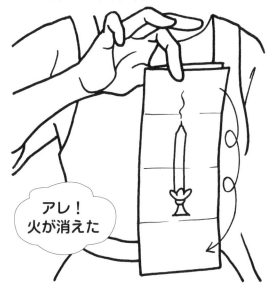

アレ！火が消えた

❿ 図のように横に持ち、正面の紙を開きます。

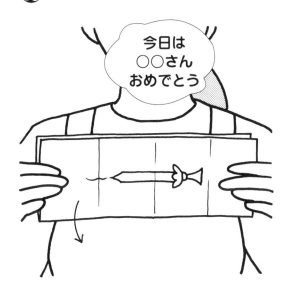

今日は○○さんおめでとう

⓫ 紙全体のメッセージを観客に見せます。

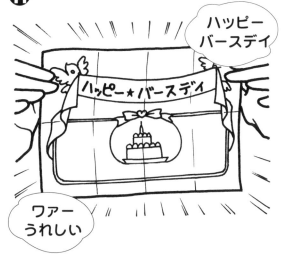

ハッピーバースデイ

ワァーうれしい

応用

これもかんたんでいろいろ応用ができますね。

【例】ローソクのかわりに

- タンポポ
 （息をふきかけるとタネが飛んでいってしまう）
- ふつうの女の子
 （息をふきかけるとドレスを着たシンデレラ姫になっている）

なにか短い物語ができそうだね。

夢がふくらむ絵の世界

14 ふうせん
- ●子どもとのコミュニケーションに
- ●かくし芸に

♣おり方・演技の準備♣

❶ 図のようにおっていきます。

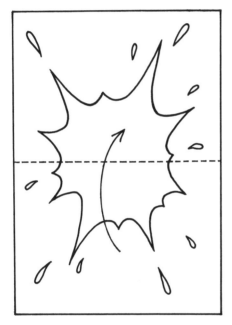

❷

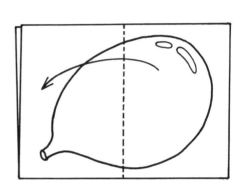

❸

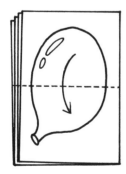

❹

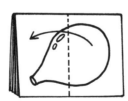

❺ 準備完了です。

♥ぬり絵をしよう♥　ふうせんはすべて同じ色にしましょう。

♥ 用意するもの ♠

- 巻末のイラスト（p81、82）を参考にかき写すか、それぞれコピーした紙をはりあわせる
- ぬり絵のためのペン

表　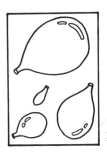裏

◆見せ方・遊び方◆

① 準備したふうせんを図のように持ちます。

「これは何に見えますか」
「何だろう？」

② 息をふきこむ動作とともに、右手で下に開きます。

「フゥー」
「あっ　ふうせん！」

③ 息をふきこむ動作とともに、左手で横に開きます。

「フゥー」
「アハハ」

④ 息をふきこむ動作とともに、右手で下に開きます。

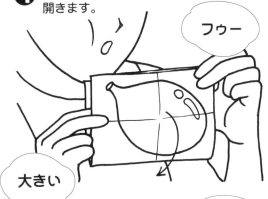

「フゥー」
「大きい」

⑤ 図のように持ちかえ、右手を横から…

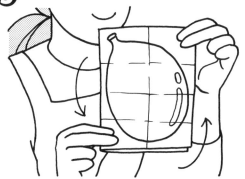 →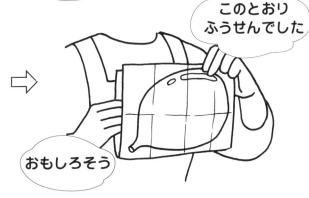

「このとおりふうせんでした」
「おもしろそう」

❻ 紙の間に入れます。

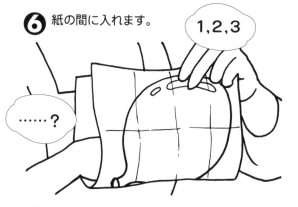

❼ 紙の中で右手の指をはじくように大きく広げ、同時に全体を開きます。

❽ ふうせんがわれてしまった絵を見せます。

ポイント

この作品は、紙しばいのようにただ絵の変化を見せていくだけではおもしろくありません。実際に息をふきこむしぐさをしながら行ないましょう。単純なストーリーですが、あなたの演技が入ることによって印象がちがいます。

応用

最後のオチ（ふうせんがわれる）を変えてみましょう。

● ふうせんが空気をふき出しながら飛んでいってしまう。
● 色とりどりの小さなふうせんが、紙いっぱいに広がっている。
● われたふうせんの中からハトが出ている（マジックショーだ）。

　などなど、創造力をはたらかせてみよう。

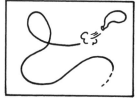 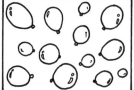 

ふうせんがわれる演技の後、どれかをつづけてやるといいね。

空もようがいろいろ変わる

 天気になーれ
● 子どもとのコミュニケーションに
● おどろくほど絵が変化する

用意するもの
● 巻末のイラスト（p83、84）を参考にかき写すか、それぞれコピーした紙をはりあわせる
● ぬり絵のためのペン

表 裏

♣ おり方・演技の準備 ♣

❶ 図のようにおっていきます。

❷
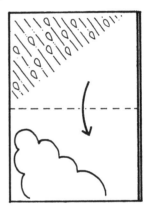

❸ 図のように角を1枚だけおります。

❹ 太陽が見えるようにおります。そして元にもどします。

❺ 全体をひっくり返します。

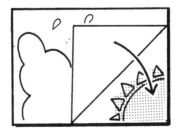

❻ 斜めにおります。

❼ 雲の絵の完成です。
反対側にもおり…

❽ 準備完了です。

♥ぬり絵をしよう♥

虹や太陽、花などに、きれいに
色をぬりましょう。

◆見せ方・遊び方◆

❶ 準備した紙を図のように持ちます。
手前の紙を1つ下におろします。

これは何かな？
空に浮かんで
いるよ

雲！

❷ カミナリが出てきました。その紙をめくり上げます。

おやおや
ピカッ！
ゴロゴロ

カミナリだ

❸ 雲の絵だけになります。手前の紙を下におろします。

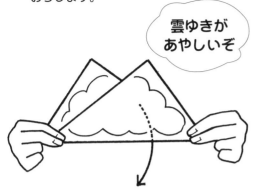

❹ 雨の絵が出てきました。その紙をめくり上げます。

❺ 雲の絵だけになります。手前の紙を下におろします。

❻ 小雨の絵が出てきました。角をおり目にそっております。

❼ 太陽の絵が見えます。図のように角を両手でつまみ…

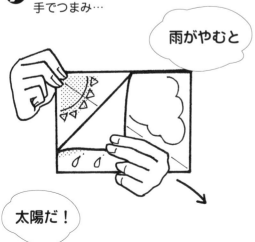

❽ 全体を広げます。虹の絵が出てきました。

あれれ、どこへ行ったの？

16 てんとう虫のさんぽ

- みんなに見せたいマジック
- 古典手品の楽しい応用

♣ おり方・演技の準備 ♣

❶ 図のようにおっていきます。

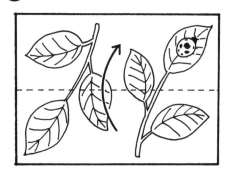

❷

❸

❹ おり目をしっかりつけたら再び広げます。

❺ 図のように2つの角におりぐせをつけます。

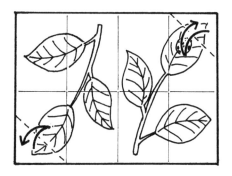

❻ 再び1、2、3と同じようにおっていきます。これで準備完了です。

● 巻末のイラスト（p85、86）を参考にかき写すか、それぞれコピーした紙をはりあわせる
● ぬり絵のためのペン

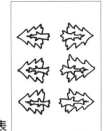

表　　裏

♥ぬり絵をしよう♥

木や葉、てんとう虫に色をぬりましょう。
絵のかき足しはしないでね。

◆見せ方・遊び方◆

❶ 準備した紙を取り出します。ページを開くように1つめくると…

「マジックを見せよう」
「わーい」

❷ 図のようになります。両はしを持って左右にのばします。

「1本の木がふえるとやがて、」
「どーなるのかな？」

❸ 観客側の面を上から下へ開きます。

「林になります！林の中を見てみよう」
「わーふえた」

❹ 絵全体を見せます。この時、必ずてんとう虫は上にいるようにします。

「てんとう虫がいるね。どこにいるかな？」
「上の角の所」

❺ 図のように2つの角をおります。そして下から上へと全体をおります。

❻ 図のように、横半分におります。

❼ 図のように、横半分におります。

❽ 手前の部分を左手の方へ開きます。

❾ 手前の部分を右手でつかみ、右手の方へひっぱります。

❿ 観客側の面を上から下へ開きます。

⑪ 観客には5と同じ状況に見えます。実際は上下が逆になっています。

⑫ 上の角を開きます。てんとう虫はいません。

⑬ 次に下の角を開きます。てんとう虫があらわれます。

ポイント　この作品は、気がつかないうちに上下がひっくり返ってしまう原理（おりと見せ方）を応用したものです。
　マジックの世界では、お札を使ってこれを演じる古典作品があります。お札に印刷されている人の顔が、いつのまにか逆さ向きになってしまうというものです。しかけもなく、手軽なマジックとして有名です。

そこで注意　お札は「ひっくり返った」という表現ですが、このてんとう虫の作品は「虫が移動した」という表現です。ですから、上下のわかってしまうような絵のかき足しはしないようにしましょう。

応用
もぞう紙ぐらいの大きな紙で演じてみよう。
２人か３人で持ちながらやると大迫力だよ！
学芸会や舞台公演などで評判になるかも。
つくるのは大変だけど楽しそうだね。

ウサギのラブストーリー

17 ラブラブラビット
●ウェディングパーティーに
●スピーチにまじえて

♣おり方・演技の準備♣

① 図のようにおっていきます。

②

③ 反対側にもおり、平らにもどします。

④ 図のようにおっていきます。

⑤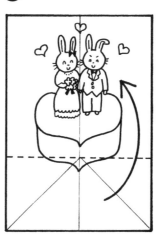

⑥

●巻末のイラスト（p87、88）を参考にかき写すか、それぞれコピーした紙をはりあわせる
●ぬり絵のためのペン

表

裏

❼

❽

❾ 角の部分を1枚めくるようにおり、（男のウサギだけ）元にもどします。

ウサギさんたちや花束に色をぬりましょう。最後にメッセージが出てくるのもいいね。次の見せ方をマスターしてから、かき足しも工夫してみよう。

◆見せ方・遊び方◆

❶ 準備した紙を取り出し、図のように広げて見せます。

❷ 再び準備の時のようにおります。そして女性のウサギを見せます。

❸ 次に男性のウサギを見せます。

❹ 図のように持ち、おり目の所をめくると…

❺ 男性のウサギが見えなくなります。

❻ つづけて図のように持ち、両手を左右に広げると…

❼ シルクハットにウサギが飛びこんだ絵に変わります。

❽ 全体を広げると、結婚式の会場に変わります。

おちゃめなサルが たつまきから登場！

18 忍者モンキー

● これぞおり紙SFX
● 子どもや女性の集まる所で

♥ 用意するもの ♠
- 巻末のイラスト（p89、90）を参考にかき写すか、それぞれコピーした紙をはりあわせる
- ぬり絵のためのペン

 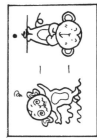

表　　　裏

♣ おり方・演技の準備 ♣

① 半分におります。

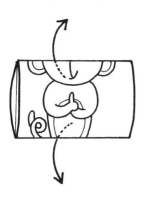

② 印の所からおります。

③ 反対側にもおり返して…

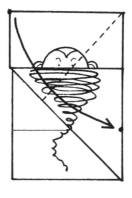

④ 再び広げます。（おりぐせをつけるわけだね）

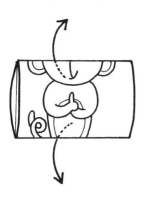

⑤ 下の角を1枚おります。

⑥ 上の角も1枚おります。

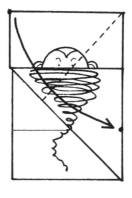

⑦ たつまき全体が見えます。

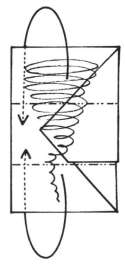

⑧ 再び反対側に3つおりにして、準備完了です。

♥ぬり絵をしよう♥

サルの絵なので、茶・黒などがベースになるね。
サルに忍者の服を着せてもおもしろい。

たとえば ⇒

◆見せ方・遊び方◆

❶ たたんだ紙を取り出します。

❷ 3つおりを開いて、たつまきを見せます。裏のサルは見られないように。

❸ 図のようにおりをもどすと、たつまきが小さくなります。

❹ つづけておりをもどすと、たつまきがなくなり、忍者モンキーがあらわれます。

❺ 図のようにおります。きっちりとおらずに、ゆるくおります。

❻ つづけて図のようにゆるくおります。おるというより、全体をかるく丸めるという感じです。

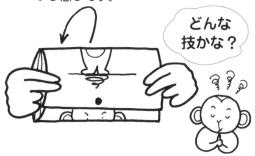

❼ 両手の指先を使って紙全体をクルクル回転させます。忍者モンキーが空中回転をしているわけです。

❽ 図の位置で回転を止めます。そして手前に来ている紙のはし（●印の所）を持ちます。

❾ 演者は紙を下にふるように広げます。すると、ゆるくたたまれた紙は一気に広がります。
忍者モンキーが目をまわしている絵に変わったように見えますね。

 応用 ●●

再び5、6、7、8、9の同じ動きをくり返して、正常な忍者モンキーにもどしてもよいでしょう。そして4、3、2、1と逆に行なえば、忍者モンキーがたつまきの中に消えていくストーリーになりますね。

タマゴの中から怪獣が誕生！

19 5つの玉

- なかよしの集まりで
- だじゃれのきいたおり紙です

♣ おり方・演技の準備 ♣

❶ 図のようにおっていきます。

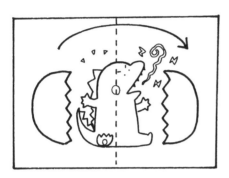

❷

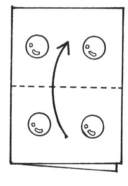

❸ まん中で山おり、谷おり、両方のおりぐせをつけます。

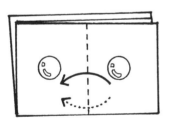 

❹ 谷おりにして準備完了です。

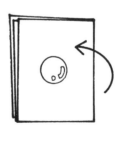 

♥ ぬり絵をしよう ♥

怪獣の赤ちゃんにふさわしい色をぬりましょう。なき声なんかもかきたしてみては？

- 巻末のイラスト（p91、92）を参考にかき写すか、それぞれコピーした紙をはりあわせる
- ぬり絵のためのペン

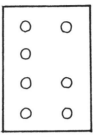
表

裏

◆見せ方・遊び方◆

❶ 準備した紙を取り出します。紙を横に開きます。

❷ 玉が2個になりました。紙を縦に開きます。

❸ 玉が3個になりました。紙を縦に反転させます。

❹ 玉が4個になりました。紙を横に開きます。

❺ タマゴが出てきました。全体を横に広げます。

❻ タマゴが割れて、怪獣が出てきました。

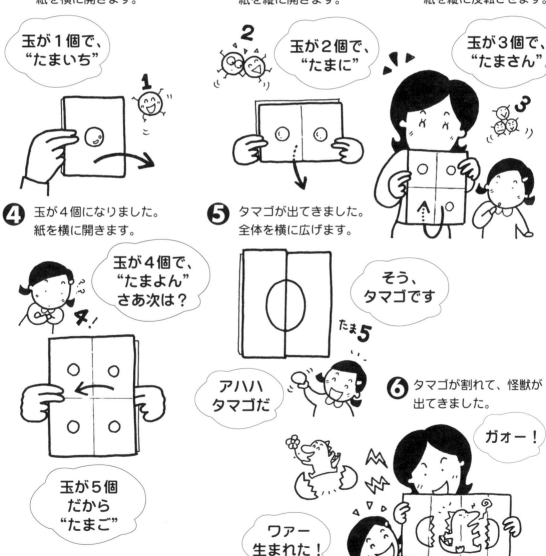

花びんがいつのまにかひっくり返る

20 いたずらキャット

- ●子どもとのコミュニケーションに
- ●楽しい錯覚

♣ おり方・演技の準備 ♣

① 対角線にかるくおり目をつけます。

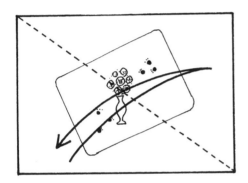

② そのおり目にそうように両はしをおります。

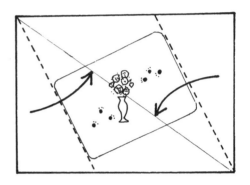

③ 角が重なるようにおり、また開きます。

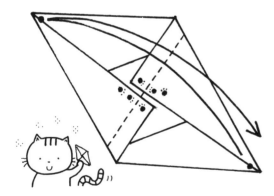

④ そのおり目に向かって両はしをおりますが、次の図のように…

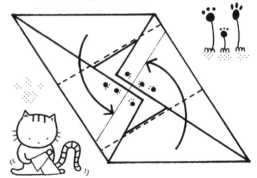

⑤ 合わさった所は少しすき間があるようにおります。そして図のようにおれば…

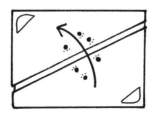

⑥ ネコの顔ができあがります（この裏はすねた顔になってるよ）。

 **用意するもの**

- 巻末のイラスト（p93、94）を参考にかき写すか、それぞれコピーした紙をはりあわせる
- ぬり絵のためのペン

表　　　　裏

♥ぬり絵をしよう♥

お花などに色をぬりましょう。自分の飼っているネコに似せるとおもしろいね。

◆見せ方・遊び方◆

❶ にこやかなネコの面を見せます。

「おりこうなネコを飼ってます」
「フフ、笑ってる」

❷ 図のように開きます。

「ネコが部屋の中を歩いてます」
「あ、足あとだ」

❸ 図のように開きます。

「どこへ行くのかな？」

❹ 図のように開きます。

「うーん、どこかなー？」

❺ 図のように開きます。

❻ 図のように開きます。この後、5、4、3、2、1と逆におります。

❼ 元のネコにもどりました。頭をなでる演技をします。

❽ 向きを変えて、すねた顔の面を見せます。

❾ そして先ほどと同じように開いていきます（1、2、3、4の順）。

❿ 全体を広げて、花びんが逆さまになっていることを見せます。

ハートができる、ドキドキ動く

21 ドキドキハート

- ●バレンタインデーに
- ●表現するカワイイおり紙

用意するもの

●両面が赤色系の長方形の紙1枚。B5サイズ以上（色画用紙かピンク色のコピー用紙など）

♣おり方・演技の準備♣

① 図のようにおっていきます。

② しるしをあわせてネ

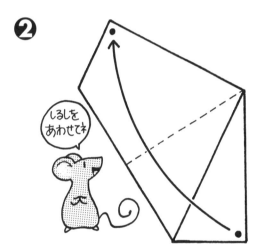

③ 反対側にもおり、平らにもどします。両方向におりぐせをつけました。

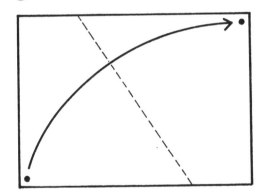

④ 元の形に開きます。

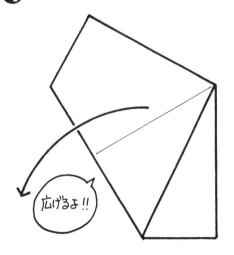

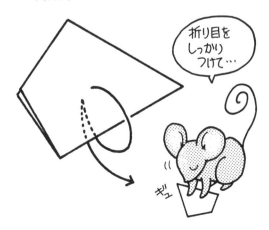

❺ 図のようにおっていきます。

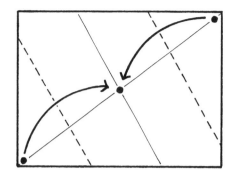

❻

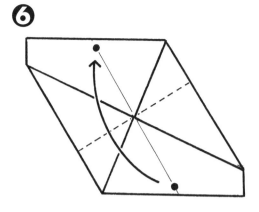

❼ 両手に持ちながらおっていきます。

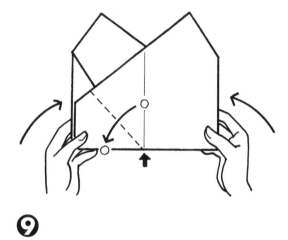

❽

❾

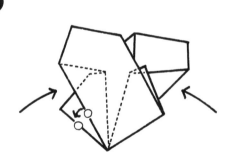

❿ テーブルに置いて上からおさえます。最後に角を図のように…

角を折って…

⓫ おって、ハートの形の完成です。

できあがり!!

⓬ 紙を開いて、準備完了です。

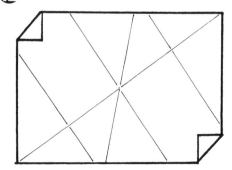

◆見せ方・遊び方◆

1 準備した紙を図のように持ちます。

2 両手で、おり目にそって同時におります。

3 図のようにして両手を近づけながら…

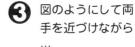

4 おり目にそってたたんでいくと…

5 すばやくハートの形になります。
3、4、5は一動作で行ないます。

6 図のように両手でつまみながら、近づけたり…

7 元にもどしたりします。この6、7をつづけて何度もくり返すと、心臓がドキドキ動いている表現になります。

この解説ではやさしくするために、はじめからハートのおりぐせをつけています。でも工夫すれば、何もおり目のない所からこの演技をすることもできます。おり紙アーチストをめざす人！ 挑戦してみてはいかがかな？

おり紙からお札があらわれる

22 カブトイリュージョン

● 即席でできるかくし芸
● インパクトも強烈

♣ おり方・演技の準備 ♣

❶ 図のようにおっていきます。

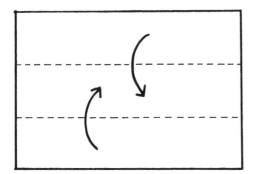

❷

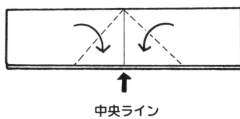

↑ 中央ライン

❸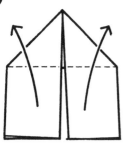

❹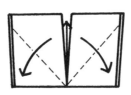

❺ 「ジャーン」

❻ 「うしろだよ」

「よおーし！みんなをビックリさせちゃうぞー!!」

「何を作ってるの？」

●コピー用紙などの長方形の紙 1枚。B5サイズくらい
●せんたくばさみ2個
●お札1枚

❼ お札を図のようにおっていきます。

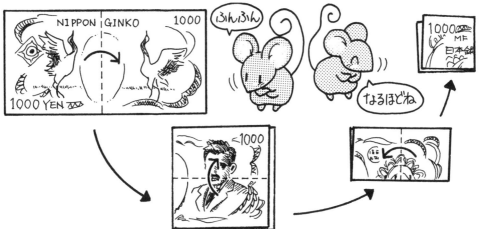

❽ お札を、せんたくばさみで固定します。観客に見られないように。

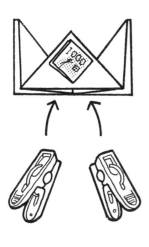

❾ 準備完了です。

❿ 表に返すと、こうなっています。

◆見せ方・遊び方◆

❶ 準備した紙を取り出します。裏のお札が見られないように。

❷ せんたくばさみの1つを上に移します。

❸ 下のせんたくばさみを中央にとめ直します。

❹ 裏は図の通りです。

（裏から見た図）

❺ 図のように持ちます。この時、両手の親指は…

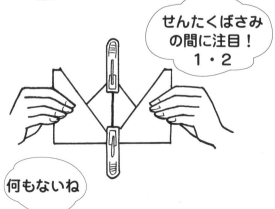

❻ 図のように、紙の間に入れています。

（下から見た図）

❼ 両手をすばやく、左右にひっぱります。
すると紙が反転し、一瞬でお札が正面に
あらわれます。

❽ お札を紙からはずし、広げて見せます。

| 注意 | ○紙は何度か使うと破れてきます。つねに新しい紙を使いましょう。
○せんたくばさみをとめる位置は、浅すぎず、深すぎず、そして確実に紙の中央のラインにとめましょう。
○この作品は特にマジックの要素（ふしぎさ）が強いものです。よく練習してから見せましょう。かんたんだからといって、ぶっつけ本番はダメですよ。失敗は自分のことより、相手をがっかりさせてしまうからです。 |

応用

○お札のかわりにいろいろためしてみよう！
「小さくおったおり紙」とか
「カラフルな紙にかいたメッセージ」などなど。

1 タイムトリック 型紙

2 フルーツ モグモグ 型紙

3 カメの親子　型紙

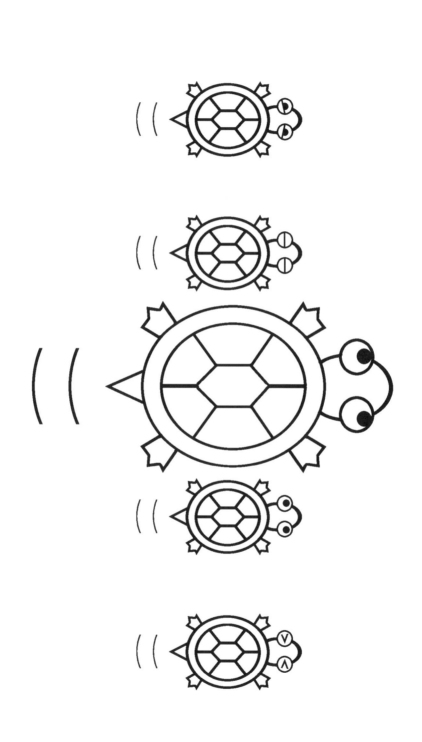

4 トンボがえり 型紙

5 スーパーアシカショー　型紙

6 ニョロニョロ・パッ 型紙

7 ソフトクリーム 型紙

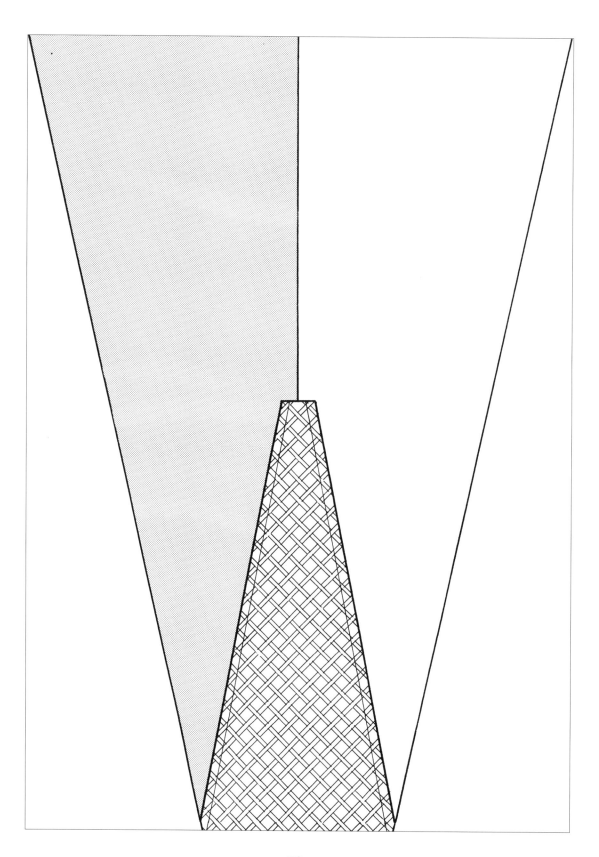

8 ジャンプパラソル 型紙

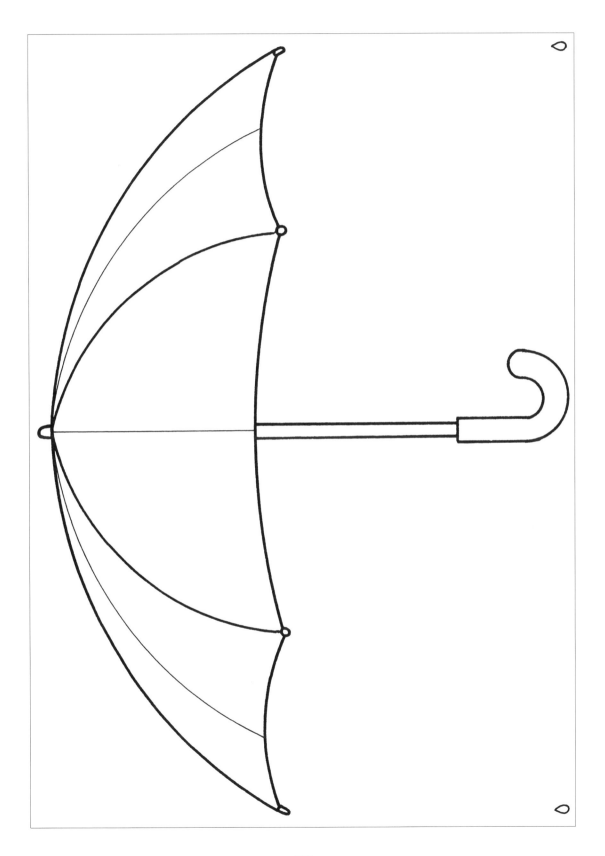

9 たまてカード 型紙

10 ハッピーくす玉 型紙

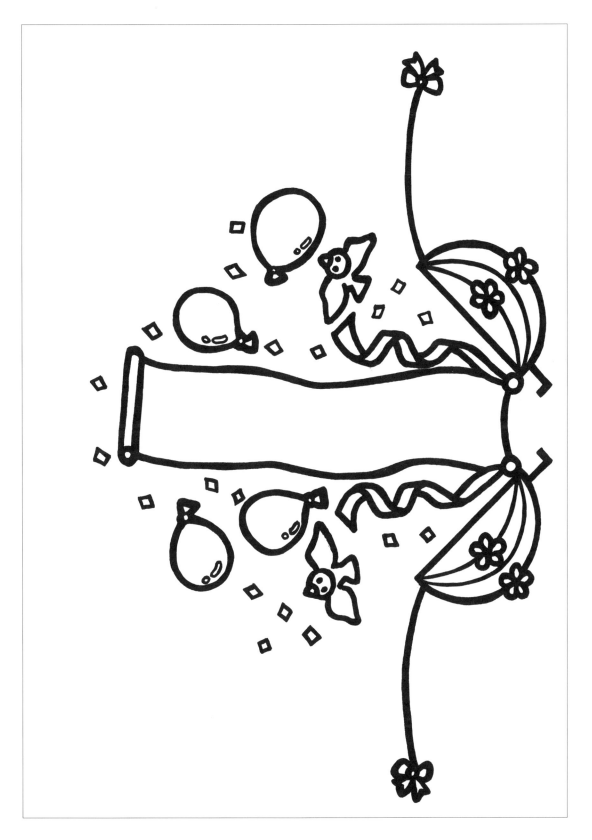

11 プレゼントボックス 型紙

12 ビックリ・ツリー 型紙（表）

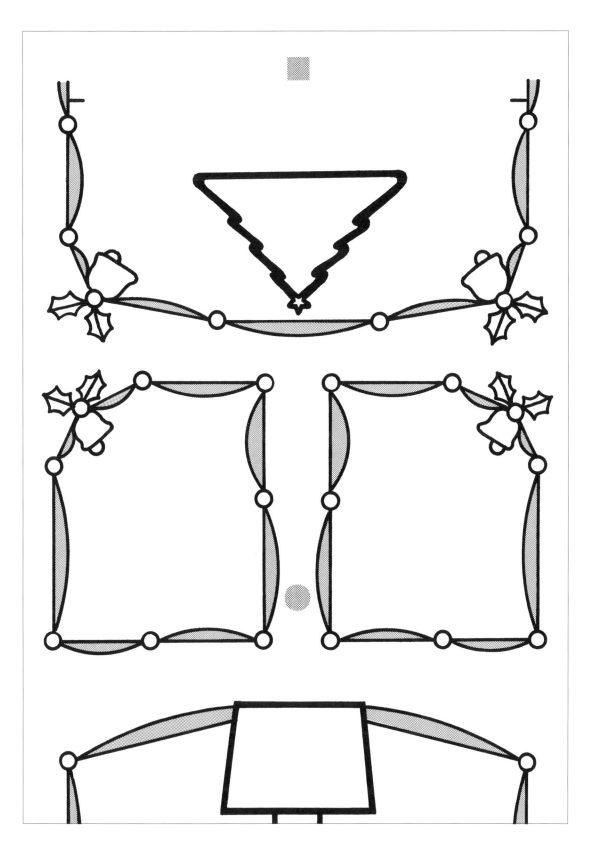

12 ビックリ・ツリー 型紙（裏）

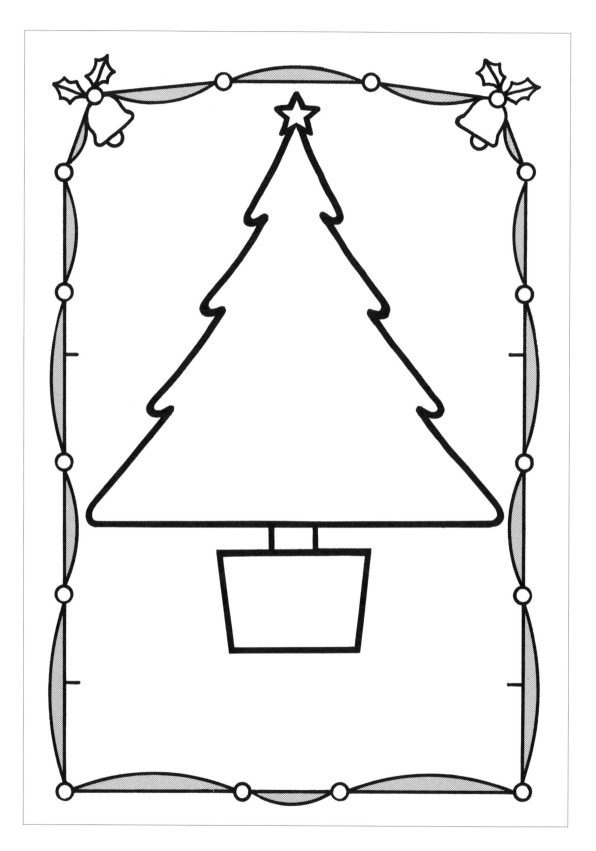

13 バースデイキャンドル 型紙（表）

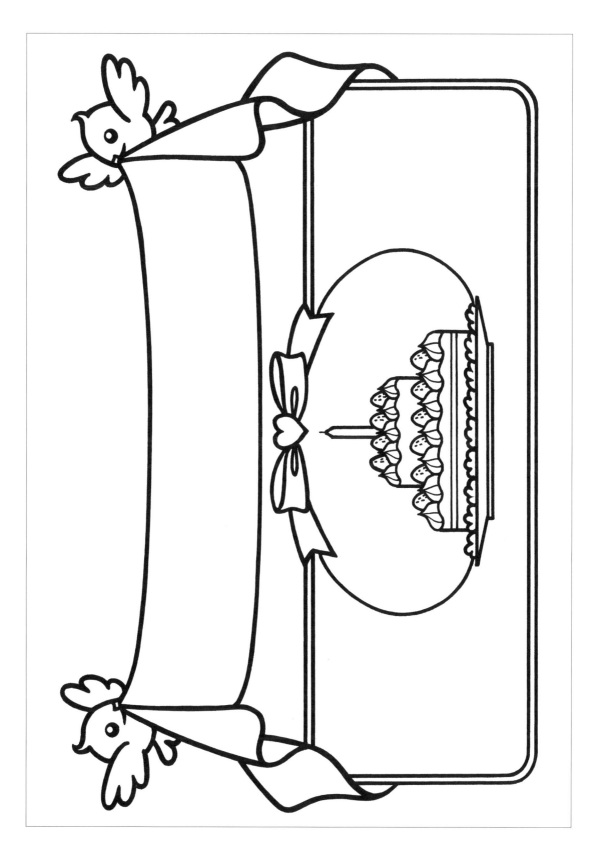

13 バースデイキャンドル 型紙（裏）

14 ふうせん 型紙（表）

14 ふうせん 型紙（裏）

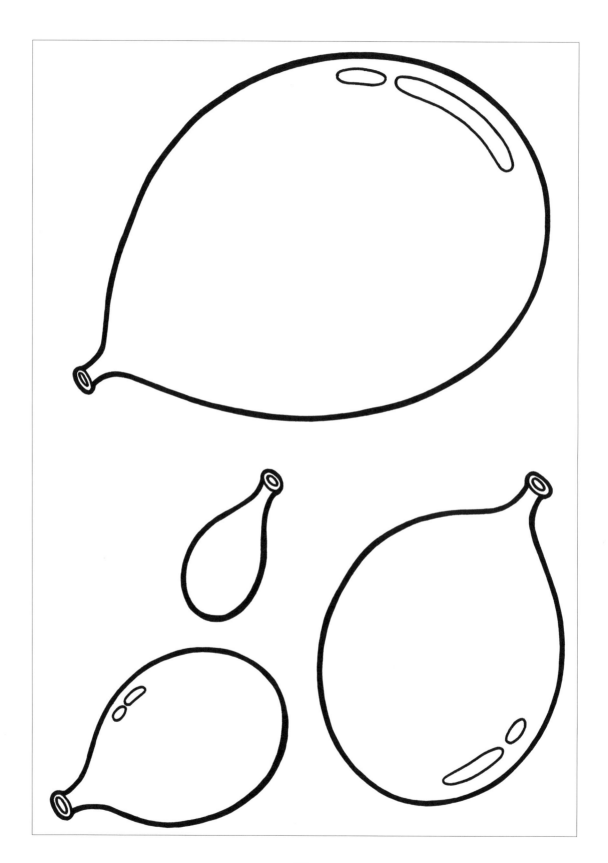

15　天気になーれ　型紙（表）

15 天気になーれ 型紙（裏）

16　てんとう虫のさんぽ　型紙（表）

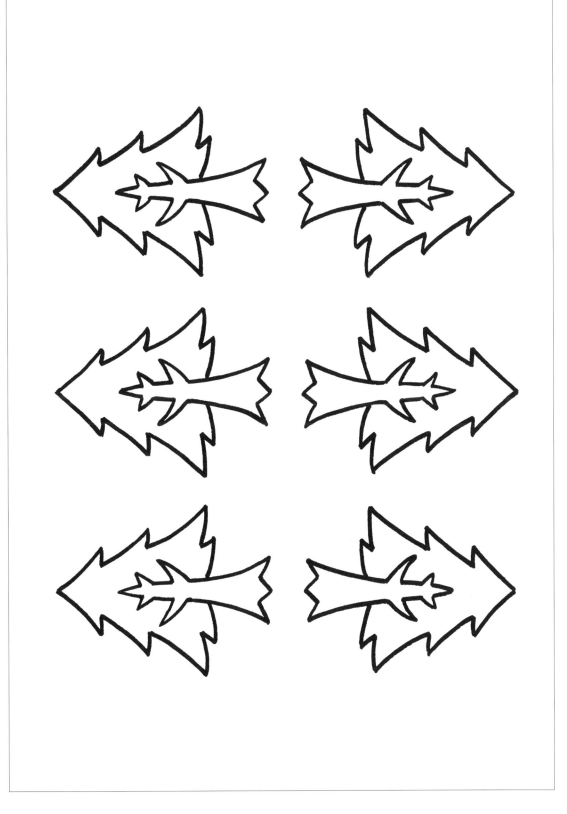

16 てんとう虫のさんぽ 型紙（裏）

17 ラブラブラビット 型紙（表）

17 ラブラブラビット 型紙（裏）

18 忍者モンキー 型紙（表）

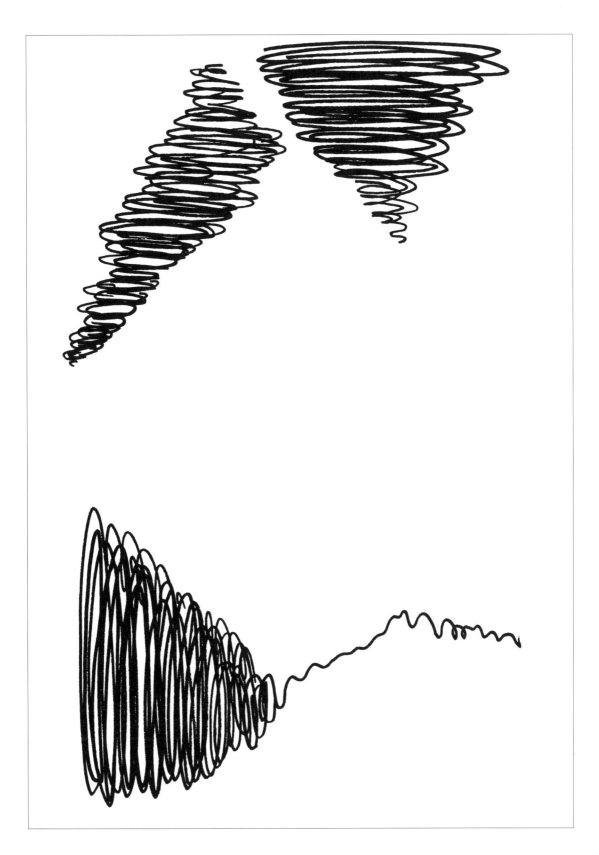

18 忍者モンキー 型紙（裏）

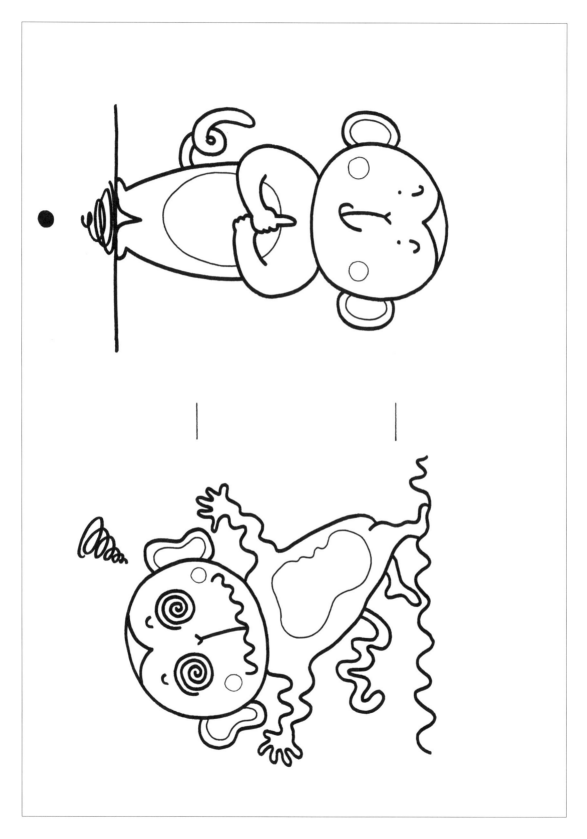

19 5つの玉 型紙（表）

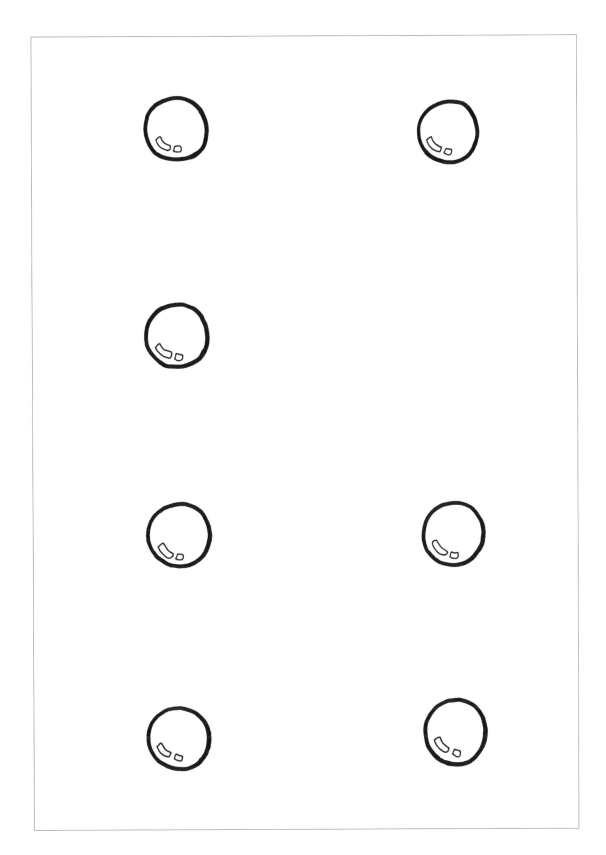

19 5つの玉 型紙（裏）

20 いたずらキャット　型紙（表）

20 いたずらキャット 型紙（裏）

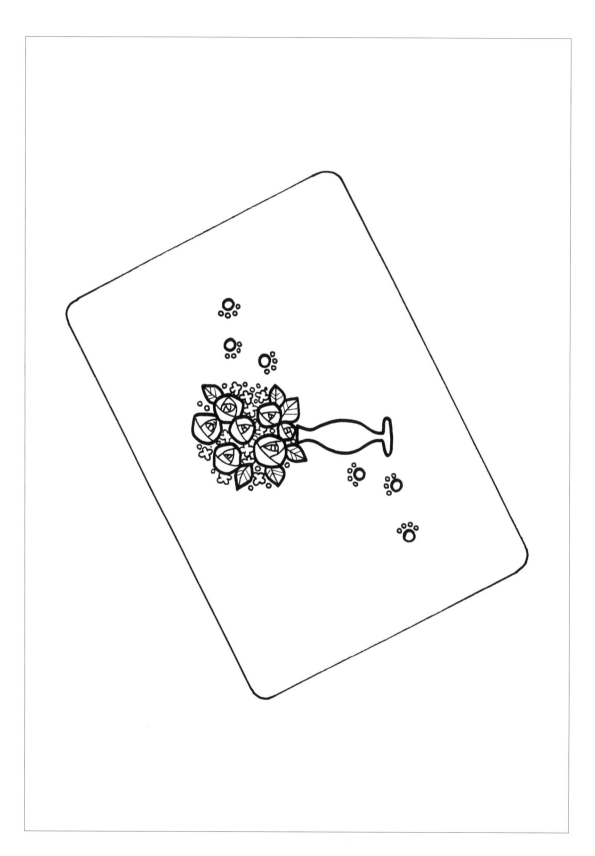

本書は2000年10月小社より刊行されたものの図書館版です。

【プロフィール】

藤原邦恭(ふじわら　くにやす)

小学生の時よりマジックを始め、中学ではオリジナルの開発を始める。1990年、プロマジッククリエイターとして始動。以降マジックや夢のある遊びを草案。マジックグッズや書籍を含め、TVや講演、国内外で藤原ワールドを展開中。

著書　『100円ショップでどきどきマジック』
　　　『子どもと楽しむ10秒マジック』
　　　『笑劇！教室でできる10秒マジック』
　　　『かんたんクイック手品を100倍楽しむ本』
　　　『おり紙歌あそび　ソングシアター』
　　　『超ウケ　キッズマジック(全3巻)』
　　　『クリスマス・正月のハッピーマジック』
　　　『高齢者と楽しむマジック』(以上、いかだ社)
　　　『お誕生会を変える！保育きらきらマジック』(世界文化社)など多数

イラスト(あいうえお順)●あかまあきこ／いなみさなえ／岩崎美紀／上田泰子／
カズ・カタヤマ／かねこひろこ／桜木恵美／藤田章子
DTP●渡辺美知子デザイン室

・・・・・・・・・・・・・・・・・・・・・・・・・・
[図書館版] おり紙マジック ワンダーランド
・・・・・・・・・・・・・・・・・・・・・・・・・・
2017年1月25日　第1刷発行

著者●藤原邦恭Ⓒ
発行人●新沼光太郎
発行所●株式会社いかだ社
〒102-0072東京都千代田区飯田橋2-4-10加島ビル
Tel.03-3234-5365　Fax.03-3234-5308
E-mail　info@ikadasha.jp
ホームページURL　http://www.ikadasha.jp
振替・00130-2-572993
印刷・製本　株式会社ミツワ

乱丁・落丁の場合はお取り換えいたします。
ISBN978-4-87051-483-6
本書の内容を権利者の承諾なく、
営利目的で転載・複写・複製することを禁じます。